Modelo de una iglesia sana

La iglesia de Antioquía

Carlos Peirone

Ediciones Crecimiento Cristiano

Diseño de la tapa: Ruth Santacruz

© **Ediciones Crecimiento Cristiano**
Córdoba 419
5903 Villa Nueva, Cba.
Argentina
oficina@edicionescc.com
www.edicionescc.com
Tel: 0353 - 4912450

Ediciones Crecimiento Cristiano es una Asociación Civil
sin fines de lucro dedicada a la enseñanza del
mensaje evangélico por medio de la literatura.

Primera edición: Marzo de 2005

I.S.B.N. 978- 987-121-90-25

Introducción

Escribió John Stott:

> "*Toda vez que pensamos en la iglesia, tenemos que tener presentes el ideal y la realidad. La iglesia está comprometida con la verdad, pero también es propensa a cometer errores; está unida y también dividida; es pura y también impura*". No obstante, somos llamados a pelear "*la buena btalla de la fe*" (1 Timoteo 6.12) y a ser "*solícitos en guardar la unidad del Espíritu en el vínculo de la paz*" (Efesios 4.3) (7).

Dios puede hacer grandes cosas con nosotros y con la iglesia. Para ello debemos tener en cuenta algunas pautas . Estaremos estudiando qué puntos encontramos en la iglesia primitiva de Antioquía que nos llevan en esa dirección.

El tema de este cuaderno es la iglesia, pero ¿qué es una iglesia?

Siguiendo a Howard Snyder (17), la iglesia es una comunidad carismática y un pueblo peregrino, un reino de sacerdotes. Es agente del plan de Dios. Es el cuerpo de Cristo, el templo viviente del Espíritu Santo. Es un organismo más que una institución. Es una comunidad reunida para hacer buenas obras.

Agradecemos los aportes y sugerencias de Silvia Chaves y Carlos Jacobs en la elaboración de este estudio.

Temas

La versión bíblica utilizada en este estudio es la Nueva Versión Internacional

Los números en paréntesis, como el (7) después de la cita de John Stott en la introducción, se refieren a la lista de libros que el autor consultó. Ver al final del cuaderno.

Antioquía

Antioquía era una gran ciudad, la tercera en importancia de su época después de Roma y Alejandría. En ella se hablaba el griego, y estaba situada en Cilicia, cerca del Mediterráneo. Era hermosa y cosmopolita, rica en el comercio y los negocios, devota al sexo, la superstición y la carrera de carros (con sus juegos y apuestas). Sus habitantes eran disolutos en sus costumbres. Allí estaba el templo de Apolo y se le rendía culto a Dafne (en cuyo templo había prostitutas sagradas).

1/ Según estas características de la ciudad, ¿habrá sido fácil empezar una obra cristiana allí? ¿Por qué?

Antioquía fue la cuna del cristianismo. Allí había una colonia judía (cristianos ordinarios, no apóstoles) que habían migrado. Algunos eran adinerados, que se convirtieron y de allí se expandieron al mundo. Fue el punto de partida y llegada de los primeros viajes misioneros. Había allí una iglesia estimulante y abierta, rica y generosa, que tomaremos como modelo. El Señor hizo prodigios por medio de estos cristianos, cuya mayoría fueron anónimos, pero pioneros en el avance del evangelio.

Los inicios

Hechos 11.19-30 nos cuenta la historia de cómo comenzó la iglesia de Antioquía. Lea bien ese pasaje.

2/ ¿Qué hicieron los primeros creyentes cuando llegaron a la ciudad, y qué hizo Dios por su parte?

Esta iglesia nació a partir de un puñado de cristianos que llegaron huyendo de la persecución a causa de su fe. Y de ellos nace una iglesia pujante.

3/ ¿Qué nos enseña a nosotros esta historia?

4/ La iglesia de Jerusalén, al saber de esta iglesia naciente, envió apoyo por medio de Bernabé.

a/ ¿Qué hizo Bernabé al llegar a Antioquía?

b/ ¿Qué resultados obtuvo de su trabajo?

Unidad en la diversidad

Si trabajo con todos los que son iguales a mí y que siempre están de acuerdo con todas mis decisiones, apuntaré así a una iglesia de un mismo color, de una misma clase social, de una misma ideología. Eso se llama uniformidad y no sería el modelo de esta iglesia.

Pero si acepto y trabajo con otros hermanos con distintos dones, que no piensian como yo, que ven otras cosas, apuntaremos a algo más bíblico, a lo dIverso, como lo es el cuerpo humano.

El desafío es tener comunidad con mis hermanos aunque pensemos y vivamos distinto. Unidad en la diversidad. Veamos esto.

5/ Pablo nos exhorta a "procurar mantener esta unidad" en Efesios 4.1-6. ¿De qué maneras podemos mantenerla según este pasaje?

Efesios 4.16 habla de un cuerpo, las partes de ese cuerpo y sus funciones de crecer y edificarse en amor.

6/ *Piense en su iglesia y qué lugar ocupa usted en ella.*

¿Quién será: *¿Por qué?*

el corazón?

los pies?

las manos?

el estómago?

la cabeza?

las orejas?

la boca?

las piernas?

las uñas?

los ojos?

el pecho?

Mantener la unidad es luchar por ella. El individualismo y la lucha por el poder —el caudillismo— atentan contra ella. El servicio humilde la preserva. 1 Corintios 12.18-20 retoma la idea de cuerpo, partes y dones.

7/ ¿Qué le aporta a usted este pasaje sobre el tema estudiado?

Terminemos esta parte leyendo y orando con Jesús el texto de Juan 17.21. Que estemos unidos para que el mundo crea.

Vivir por la fe

Encontramos en Antioquía una iglesia que vivía por fe. Tener fe es creerle a Dios e involucrarnos personalmente con Él. Es un don que recibimos (Efesios 2.8) y que debemos cuidar y desarrollar. En la iglesia de Antioquía no le temían a las dificultades. Confiaban en Dios, obedecían y se jugaban la vida. Esto nos habla de que hay que correr riesgos. Estar expectantes a lo que Dios quiere hacer con nosotros, a dónde quiere llevarnos y en qué aventura de fe quiere involucrarnos.

Se trata de creer, confiar y obedecer a Dios (Hebreos 11.1), esperar en Él, actuar, andar por fe y no por vista (2 Corintios 5.7). "Seguros de recibir lo que esperamos, convencidos de cosas que todavía no vemos".

8/ Vemos en esta página un mapa con la ciudad de Antioquía.

a/ Dibuje un diagrama de su ciudad en el otro cuadro.

b/ ¿Cuáles son las características de su ciudad, positivas y negativas?

GALACIA

CAPADOCIA

● Iconio

CILICIA

● Derbe

Tarso

● Antioquía

CHIPRE

SIRIA

● Sidón

● Tiro

● Tolemaida

Cesarea ●

JUDEA ● Jerusalén

9/ Vivir por fe incluye aceptar el desafío de la ciudad donde vivimos.

a/ ¿Cuál será su tarea a llevar adelante en la ciudad donde vive?

b/ ¿Qué desafíos le presenta su "Antioquía"?

c/ ¿Qué podrá hacer por ella?

Terminemos este tiempo orando por el lugar donde Dios nos permite vivir. El poder del Señor sigue estando con nosotros como lo estuvo con ellos y puede manifestarse a través de cada uno de nosotros.

11

Una iglesia abierta a los cambios

En el comienzo de la iglesia primitiva la predicación del evangelio estaba limitada a los judíos solamente. Entonces, esta iglesia naciente tuvo que comprender el carácter universal de la misión del evangelio y cambiar. La misión de la iglesia es discipular a las naciones. Jesús dijo "vayan y hagan discípulos de todas las naciones... enseñándoles a obedecer todo lo que les he mandado a ustedes." (Mateo 28.19-20).

Dice John Stott en su libro *El Cristiano Contemporáneo* que "la misión universal de la iglesia surge de la autoridad o potestad universal de Jesús y procura permear totalmente la cultura con el evangelio de Jesucristo" (6). Ellos debían abrirse a los otros, a los gentiles. El evangelio así tomaba nuevos rumbos.

Cuando hablamos de estar abiertos a los cambios nos referimos a estar abiertos a lo bueno, a lo nuevo. Pablo decía "examinadlo todo, retened lo bueno". Martín Lutero por su parte habló de una "ecclesia semper reformada est". O sea, estar siempre reformándose.

Los cambios generalmente provocan oposición, resistencia, dolor. Pero si no cambiamos no vamos a ninguna parte. Lo único que no cambian son los cementerios. Los seres vivos cambian con el tiempo y debemos estar dispuestos a cambiar cuando el Señor lo indique . De lo contrario no podremos aprender cosas nuevas. Lo contrario a esto es ser tradicionalistas, cerrados, conservadores, estrechos, amantes del statu quo. Cambiar es buscar ser creativos, abiertos a lo bueno, tolerantes, capaces de innovar y de crear alternativas. Pero tampoco se trata de ser niños y cambiar porque sí nomás. Cambiar por cambiar no tiene mucho sentido. Pero sí cambiar para dar respuestas a las necesidades sociales.

Cambios sociales

La sociedad cambia permanentemente y si la iglesia no lo hace, si no adapta su mensaje a los nuevos tiempos, si no es sensible a lo que vive y siente la gente, deja de ser pertinente y significativa para los otros. Tenemos que estar como iglesia a la vanguardia y no en la retaguardia social.

1/ ¿Cuáles son los cambios principales que han ocurrido en nuestra sociedad en estos últimos 10 años?

a/ ¿Cómo ha respondido su iglesia a los mismos? ¿Qué ha dicho, qué ha hecho? ¿De qué maneras se ha manifestado?

2/ ¿Está de acuerdo con la siguiente afirmación? ¿Por qué?

Es necesario que la iglesia mantenga contacto con el mundo y a la vez crezca en su crecimiento interno. Crecer en estas dos dimensiones sería lo equilibrado. Cultivar relaciones en la iglesia y también en la sociedad, esto sería lo bueno pero también lo más difícil. (18)

Cambios hacia afuera

Vimos que la iglesia debe cambiar en el tiempo para dar respuestas a las necesidades sociales que también van cambiando. Pero también, siendo la iglesia lo que debe ser, podrá con su ejemplo ser luz y una fuerza positiva y agresiva que combata contra las tinieblas. Podrá así generar cambios en la sociedad. Y lo logra cuando desafía al mal con el bien, cuando siembra justicia, cuando trabaja por la paz.

3/ ¿Qué se les ocurre hacer como iglesia en favor de la paz y la justicia en la sociedad. Sueñen y anoten sus sueños.

4/ *La iglesia es comunidad y es levadura. ¿Cómo podemos ser levadura del evangelio en la masa del mundo?*

Cambios hacia adentro

Un peligro para la iglesia es tener estructuras institucionales demasiado rígidas. Si no hay renovación institucional puede llegar la muerte a cualquier iglesia. Y esta renovación institucional debe estar acompañada por una renovación personal.

5/ *Vea Efesios 4.23-24 en varias versiones bíblicas. ¿Qué será*

a/ *renovarse?*

b/ *revestirse?*

c/ *distinguirse?*

Juan Driver dedica un libro a la renovación de la iglesia (19). Advierte los siguientes puntos:

1 - La renovación implica cambios. Cambios que tienen que ver con nuestra historia pasada y con nuestras esperanzas para el futuro.

2 - Jesucristo debe ser la base normativa para que los cambios sean significativos. Es el Señor del presente y del futuro, y nos dejó su modelo al encarnarse en el pasado. (página 12)

3 - Una renovación radical significa volver a leer el Nuevo Testamento de una manera adecuada.

4 - La iglesia del Nuevo Testamento reconoció *todos los dones del Espíritu y los ejercía*. La renovación pasa también por aquí. Por reconocer la pluralidad de dones (más de una persona puede ejercer un don) y la universalidad de dones (todos y cada uno de los miembros tiene algún don para ejercer). (página 34)

5 - La iglesia debe ser una comunidad de perdón y restauración mutua.

6 - La iglesia se renueva cuando la vida comunitaria de sus miembros es rica cuando hay compañerismo y ayuda mutua, cuando se disfruta del estar juntos. (páginas 69, 55 y siguientes del libro de Driver)

7 - La iglesia se renueva cuando es misionera, cuando sale de los templos y va al mundo a proclamar las buenas noticias y a hacer discípulos de Jesús.

6/ ¿Cómo mide su iglesia a la luz de este planteo?
a/ ¿En cuáles puntos está más fuerte?

b/ ¿En cuáles más débil?

Oren por su iglesia local, para que pueda ser sensible y escuchar la voz de Dios en aquellos aspectos en que debe cambiar.

Que Dios nos ayude a estar abiertos a los cambios, tanto hacia adentro de la iglesia, como influenciando y generando cambios hacia afuera.

3

Una iglesia que habla de Jesucristo

La iglesia sana es una iglesia centrada en Jesús.

"Cristo es nuestro contemporáneo. No está muerto y desaparecido, liquidado o fosilizado. Está vivo y activo. Nos llama a seguirle, y Él se nos ofrece a nosotros como el Salvador que mora en nosotros y nos transforma". (6)

Hechos 11:26 nos cuenta que a los seguidores de Jesús se los llamó cristianos por primera vez en Antioquía. Algunos estudiosos creen que los llamaban así como burla, pero luego se transformó en una marca distintiva de coraje. Se parecían a Jesús el Cristo, lo mostraban en su carácter, En su vida, sus hábitos, sus actitudes y sus decisiones. Jesús ocupaba un lugar prioritario en sus vidas.

El Señor mismo dijo que el mundo reconocerá que somos sus discípulos si nos amamos los unos a los otros (Juan 13.35).

1/ ¿ La gente de la ciudad nos ve como una comunidad que se ama, ayuda, protege y perdona?

2/ ¿Nos miran bien o como a bichos raros? ¿Nos ven con simpatía o antipatía?

3/ ¿Cómo lo miran a usted por ser cristiano?

El mundo debe reconocer que somos discípulos de Jesucristo por la manera en que vivimos en comunidad, por nuestro amor. Pero también debe reconocer al Señor por medio de nuestro testimonio, por medio de la evangelización. Evangelizar es proclamar a Cristo como Salvador y Señor para que el hombre se reconcilie con Dios. Esta responsabilidad de evangelizar pertenece a todo el cuerpo de Cristo, y es proclamación, comunión y servicio al prójimo. La salvación abarca la totalidad del hombre y transforma a todo el hombre.

En Antioquía

✓ Evangelizaban basándose en la conversación de persona a persona, de modo informal, natural;
✓ Se relacionaban con la obra misionera en otros países;
✓ De allí partían equipos reducidos para misiones de evangelización de larga y corta duración.

La evangelización tiene que ver con las relaciones personales, el compartir con otro de un modo sincero y auténtico nuestra vida y nuestra fe en Jesús. La mejor manera de evangelizar es hablar de Jesús a quien esté dispuesto a escuchar. Cuando una iglesia se abre para hablar de Jesucristo, entonces suceden cosas. Debemos recuperar la espontaneidad, la frescura y llevar a Jesús al mercado del pueblo, al café del centro, a la cancha, al río, al club, al ciber, a la escuela, a la oficina, al pueblo.

Se supone que cada uno tiene su historia con Jesús para contar y debemos contarla. Relatar simplemente nuestra experiencia espiritual con Dios.No hacen falta estudios profundos para contar lo que Dios hizo en nuestras vidas.

4/ Cada uno en dos minutos procure relatar cómo es su relación, su historia con Jesús. Esta práctica juntos nos servirá para luego poder hablar con otros. Requiere honestidad. Si no podemos contar nada, deberemos preguntarnos qué nos pasa.

Hablar de Jesús implica salir al mundo y encarnarnos creando vínculos amistosos, mezclarnos con la gente y andar en sus zapatos. Implica preguntar y escuchar a los otros, saber qué vive la gente, conocer al mundo.

5/ Compartir testimonios sería importante ahora. Tomen un tiempo para contar experiencias propias de hablar de Jesús a otros.

"No se puede estar cerca de Dios y lejos de la gente. Sólo estando cerca de la gente se puede estar cerca de Dios." (16)

6/ Necesitamos establecer maneras, formas, estratégias para acercarnos a la gente.

a/ ¿ Qué vínculos tiene usted con gente fuera de la iglesia?

b/ ¿Qué vínculos nuevos podría establecer?

Hace 5 años no sabíamos lo que era un ciber y hoy nos tapan estos lugares.

7/ ¿Cómo llegaremos a los cibernautas de hoy? ¿Cómo evangelizaremos a los teleadictos? ¿Qué le diremos a los hombres virtuales de hoy?

8/ Observen los chistes en la página siguiente y comenten sobre ellos.

Dos experiencias

a) Un grupo de amigos de la iglesia decidió "hacer río" durante el verano: tomar mate, leer, bañarse, tomar sol. Este acto de ir a la playa nos permitió establecer relaciones nuevas con gente que no pertenecía a la iglesia y a quienes luego pudimos invitar a integrar un grupo de matrimonios.

b) Ir a nadar a una pileta climatizada durante el invierno nos permitió también conocer gente y establecer contactos: una abuela, un empresario panadero, un obrero metalúrgico y un comerciante.

En ambas experiencias pudimos relacionarnos con otros y compartir nuestra fe en Jesús. Salgamos al mundo y creemos vínculos.

Una iglesia con un liderazgo compartido

Dice Michael Green (1) lo siguiente: "El liderazgo de una sola persona es malo para esa persona y para la iglesia. Se cree indispensable, los otros descansan. Todos pierden con el liderazgo de uno solo". Volvamos a Antioquía. Allí había 5 líderes (Hechos 13.1) que aprendieron y trabajaban como un equipo. Veamos.

1- **Bernabé** era judío, de Chipre. Fue enviado allí por la iglesia de Jerusalén. Se alegró de la obra que Dios había hecho en ellos. Varón bueno, lleno del Espíritu Santo y de fe. Buscó a Pablo, pues necesitaba su ayuda y no temió que éste le hiciera sombra. Hombre de corazón grande que pastoreó a Pablo al convertirse (Hechos 9.27), y ahora lo convoca para una tarea difícil, como era pastorear a una iglesia como la de Antioquía. Hombre generoso (Hechos 4.36).

2- **Manaén** procedía de los círculos gubernamentales de Jerusalén. Su nombre significa "Consolador" en hebreo. Era de la aristocracia, relacionado con la corte, con el poder político.

3- **Saulo** venía de Tarso. Judío, rabí. No fue un visionario solitario, individualista, sino que trabajó con otros, formó equipos.

4- **Lucio** de Cirene (posiblemente árabe) del norte de Africa.
5- **Simeón** "Niger", judío. Era negro, del Nilo, Africa Oriental.
Cercano a círculos romanos.

Eran hombres de países y culturas distintas. Formaron un liderazgo variado pero unido en el ministerio . Eran una pluralidad de líderes que se pastoreaban mutuamente. Tenían, además, diferentes énfasis teológicos: había profetas y maestros. Notemos estas diferencias:

✓ Los profetas enfatizaban la libertad, predecían el futuro y la voluntad de Dios en ese futuro. No tenían una iglesia determinada, ni ataduras. Eran errantes, de una gran reputación.
✓ Los maestros, por su parte, representaban la estabilidad. Pero lograron trabajar junto con los profetas, aunque no les fue fácil.
✓ La variedad enriquece el liderazgo de todos . Hay que pagar un precio, pero si existe voluntad de compartir el liderazgo, siempre se puede, siempre hay un modo de hacerlo.

Trabajar en equipos

Trabajar en equipos es asumir una posición política democrática y romper con una cultura autoritaria. Trabajar así es imitar a Jesús, como líder capaz de enseñar y delegar, preparar y enviar, hacer y enseñar a hacer, mostrar y estimular a otros.
Para trabajar en equipos deberemos cuidarnos

✓ Del orgullo: Creernos superiores o autosuficientes.
✓ De la ambición desmedida: Competir por el poder en vez de cooperar.

1/ *Procure establecer, según su opinión, las ventajas y desventajas de trabajar en equipos. Comparta con el grupo sus conclusiones.*

El trabajo en equipos nos enriquece: Nos potenciamos y sembramos futuro. Nos desafía a crecer aceptando a los otros como diferentes a uno mismo y nos permite descubrir otras cosas, crear relaciones más ricas y profundas.

2/ *¿Ha tenido experiencia en trabajar de esta forma? Elaboren maneras de ejercitar esto. Formulen propuestas.*

Hechos 6.1-7 nos muestra esta práctica de delegar tareas en la iglesia primitiva.

3/ *¿Por qué causas decidieron delegar algunos trabajos?*

4/ *¿Qué ventajas señala Eclesiastés 4.9-12 a esta manera de trabajar?*

5/ *La parábola de la siguiente página (23) nos ayuda a comprender la importancia del trabajo en conjunto, en equipo. Y de paso, jugamos un poco. Dividamos los objetos, y cada persona leerá su parte. Finalmente, saquemos conclusiones de la lectura.*

Terminemos orando. Oren por un liderazgo en su iglesia como el de la iglesia de Antioquía: plural, variado y unido. Que Dios nos de la oportunidad de transmitir lo que sabemos, de transferir conocimientos a otros, que a su vez vuelvan a reproducirlo. Que podamos transferir autoridad y responsabilidad a otras personas. Amén.

Una parábola moderna

La discusión en la carpintería

Actores

1 - Relator	4 - Clavo	7 - Formón
2 - Regla	5 - Papel de lija	8 - Sierra
3 - Tornillo	6 - Cepillo	9 - Lata de cola

Diálogo

Relator: Los ocupantes de la carpintería tuvieron una asamblea para discutir algunos de sus recientes desacuerdos. El hermano Martillo dirigió la reunión.

Regla: Uno de nuestros problemas más grandes es el hermano Tornillo. Tenemos que hacer un gran esfuerzo para lograr algo de él, y después lo único que hace es dar vueltas y vueltas en un mismo lugar.

Tornillo: Tiene razón en lo que dice, la hermana Regla. Pero yo también tengo mis problemas con ella. Se la pasa midiendo a los demás y criticándonos a todos, como si sus medidas fueran las únicas correctas o posibles. Pero ¿quién se cree que es?

Clavo: A mí quien me tiene mal es Papel de lija. Tiene un carácter áspero e irritante. Siempre va a contramano de los demás.

Papel de lija: ¡Ah! ¿Sí? Y ¿qué me dicen del hermano Clavo, entonces? Siempre se mete en la vida de los demás, y si quieres que sirva para algo tienes que pegarle en la cabeza.

Cepillo: El hermano Formón se piensa que es muy preciso en sus comentarios, pero hace un montón de cosas que hieren y lastiman profundamente.

Formón: Fíjate, sin embargo, que yo pienso exactamente al revés. Yo creo que el que trae los problemas acá eres tú. Tu visión y tu trabajo siempre fueron muy superficiales. Puaj.
Sierra: A mí me tiene preocupada Lata de cola. Se enfría con demasiada facilidad en el trabajo, y además... ejem... debería hacer algo por su aspecto personal; huele terriblemente mal.
Lata de cola: Bien, ya que estoy, yo también tengo un problema. Mi pariente Pincel siempre está dando una mano de más. Y tú, hermana Sierra, ¿por qué no te miras en el espejo? Además, viejita, siempre estás serruchándole algo a los demás. ¡Para un poquito...!

Relator: Continúa... El hermano Lápiz cree que siempre tiene que dejar sus marcas. Se estaba quejando, cuando justo entró el carpintero al taller y empezó a trabajar. Antes de terminar su trabajo, el carpintero tuvo que usar martillo, regla, tornillo, clavo, papel de lija, formón, cepillo, lata de cola, pincel, sierra y lápiz. En las manos del carpintero, cada uno había hecho su contribución para la terminación del trabajo y había usado sus mejores capacidades en lo que cada uno servía. El maestro carpintero estaba verdaderamente complacido.

Una iglesia abierta a la iniciativa de todos los creyentes

A Antioquía llegaron exiliados errantes, perseguidos por su fe. Dice Michael Green (1) que el pastor es valioso, aunque igual y no más que el resto de la congregación, pero "no debe permitírsele apagar las iniciativas de los laicos o la iglesia experimentará una regresión ".

El pastor orquesta no es saludable. La iglesia crece cuando cada creyente es un ministro (esto habla del sacerdocio universal de todos los creyentes, bandera de la Reforma), donde todos forman parte del cuerpo de Cristo y cada miembro tiene un trabajo que hacer distinto y complementario de aquellos que realizan los demás. La misión nos involucra a todos; Todos somos misioneros. Somos un cuerpo, miembros, partes diferentes y comple- mentarias unos de otros.

No tenemos que hacer todos lo mismo; Debemos encontrar nuestro lugar, nuestro espacio, tener una función que nadie realice (cubrir los huecos) y que se necesite. Necesitamos sentirnos parte de ese cuerpo, artífices, que la iglesia es nuestra, que también nos pertenece. Y esto sucede cuando encontramos un lugar en la comunidad. Cuando nuestra voz se escucha y es tenida en cuenta, empezamos a sentirnos bien. Si esto no ocurre nos volvemos espectadores y vemos pasar el desfile. Apáticos, nos encojemos de hombros y esperamos que nos sirvan. Descansamos en los otros.

Sería bueno preguntarnos lo siguiente:

1/ ¿Cómo se siente usted en su iglesia? Marque una opción y fundamente:

Escuchado - Tenido en cuenta - Espectador - Descansando en otros - ¿Otra posibilidad?

2/ ¿Quién en tu iglesia
  a/ recibe al que llega?

  b/ cierra las ventanas y puertas?

  c/ saluda?

  d/ despide?

  e/ escucha?

  f/ anima?

  g/ cree?

31

h/ espera y soporta?

i/ barre?

j/ acompaña?

k/ sirve?

3/ Piense cada uno: ¿qué puedo hacer, dónde servir?

Es importante que cada uno tenga un lugar en la iglesia para poder crecer, para poder servir.

4/ ¿Cómo crear espacios para otros? ¿Quién deberá crearlos y estimular la participación?

5/ ¿Y usted? ¿Qué puede hacer? Piense en alguien que no tiene aún ninguna tarea en la iglesia. Piense en lo que podría hacer y anímelo a hacerlo.

Esta tarea de crear espacios y animar a ocuparlos nos ayudará a reconocer dones y valorar personas. Y reconocer es animar, es entusiasmar a quienes están aportando con su servicio al crecimiento de la comunidad.

Una iglesia dispuesta a crecer

Una iglesia debe crecer en el conocimiento de Dios, en la madurez espiritual, en el servicio. Es tarea de los pastores y ancianos, pero también es tarea de *toda* la iglesia."La iglesia necesita espacios de reflexión frente a la Palabra y esos espacios hay que crearlos" dice Samuel Escobar (8)

Daniel Schipiani agrega (9) que educar "es un esfuerzo deliberado, sistemático y sostenido mediante el cual la comunidad de fe se propone facilitar el desarrollo de estilos de vida cristianos por parte de personas o grupos." Lucas, en Hechos 11:22-26, nos cuenta cómo Pablo y Bernabé enseñaban y capacitaban a otros para ser más eficaces en el servicio. Estuvieron un año capacitando a la iglesia, enseñando la Biblia en forma personal y en grupos. (Ver nota 1)

Trabajar en pequeños grupos es un elemento clave para el crecimiento de la iglesia.

Los pequeños grupos

El amor práctico crece en los grupos pequeños donde se piensa cooperativamente, donde nos conocemos y cada uno aporta lo suyo. Está comprobado que no se puede conocer a más de 50 personas de un grupo. Por eso es prudente entonces dividirse en grupos para tener comunión: adorar, comer, estudiar Biblia y celebrar la Cena. Allí se conocenlas necesidades mutuas y se puede dar una mano. Trabajar juntos crea lazos amistosos. Así, pueden ayudarse, hacer algo por otros y acompañarse en las alegrías y en la enfermedad. Estos grupos son terapéuticos si son pequeños e íntimos. El grupo casero reducido es el agente primario del cuidado pastoral y ámbito esencial para la comunidad cristiana.

Si bien se corren algunos riesgos (chismes, tensiones, críticas) al implementar el trabajo en grupos caseros, los beneficios que pueden obtenerse los justifican. Si cada grupo posee un facilitador (líder) maduro, estos problemas se minimizan.

1/ ¿Tienen algo de esto en su iglesia? ¿Se fomentan los grupos pequeños?

2/ Si fuera negativa la respuesta, ¿qué podrían hacer para revertir la situación? (Ver nota 2)

3/ Piensen de qué maneras puede repercutir el trabajo de los grupos pequeños en la iglelsia toda. ¿Qué aportes positivos pueden hacerse desde la "célula" al "cuerpo" todo?

"No conozco ningún medio mejor que los grupos pequeños para cultivar el amor en una congregación" afirma Rick Warren. Es bueno que lo formen personas afines, pero también diferentes. Es fácil amar a los parecidos a uno, pero no tanto a los que son distintos. Empezamos a crecer cuando somos amados incondicionalmente. Si sabemos que se nos acepta como somos, entonces tenemos confianza para enfrentarnos al cambio.

4/ *Pensemos en personas con problemas con el alcohol, adictos, sidóticos, etc., que necesitan ser aceptados de manera especial por nosotros. ¿Estamos preparados para recibirlos e integralos al grupo?*

Animar a los jóvenes para que nos acompañen en las tareas de la iglesia es muy eficaz. Es ser facilitadores del aprendizaje, pues el joven aprende del viejo y viceversa. Así Juan Marcos aprendió de Bernabé y Pablo. Viajó "el pichón" con el veterano y se potenciaron juntos.

Aracelli Novo de Guerrero (10) escribiendo sobre el tema de educar nos da algunas pautas que resumimos. Nos dice que educar "es ver potencialidades que otros no ven. Es buscar posibilidades donde otros no buscan. Es creer en las capacidades del ser humano". Educar es estimular el continuo desarrollo de cada persona; que pueda evolucionar de adentro hacia afuera en un proceso que no termina nunca. Debemos aprender a compartir el ministerio, compartir lo que sabemos, enseñar a otros y pasar la posta. Preparar así a los jóvenes en la fe para que puedan reemplazar a los viejos (2 Timoteo 2.2). Generar y promover nuevos líderes es toda una tarea generosa que requiere mucha capacidad de desprendimiento, entrega y visión del porvenir.

5/ ¿Qué sabe usted que Podría transmitir a otros? ¿Está haciendo algo al respecto? Elaboren propuestas para llevar a cabo.

6/ Relaten experiencias, si conocen algunas, donde se haya realizado algo así.

7/ Piensen en personas concretas a quienes podrían ayudar a desarrollarse y crecer. Oren por ellas y empiecen a hacer algo para invertir en otros.

Motivar a otros

Educar pasa entonces también por el estímulo, el ánimo y el aliento que podamos dar a los que tenemos cerca. Estimular traerá vida a la iglesia y nos sorprenderán los resultados.

8/ ¿Por qué será que cuesta realizar esta tarea?

9/ ¿Por qué criticamos y destruimos con tanta facilidad, pero nos cuesta construir y dar vida a los otros?

Terminemos orando, pidiéndole a Dios

✓ que nos perdone por las veces que hemos destruído a otros con palabras y hechos.
✓ que nos ayude a perdonar a quienes hicieron lo mismo con nosotros.
✓ y que nos permita ser personas estimulantes para otros. Que llevemos vida y no muerte.

Notas:
1 - Hay que reconocer que a esa altura de la vida de la iglesia, no tenían templos, edificios propios para sus reuniones. Así que todas sus renuniones eran encuentros caseros.

2 - Por ejemplo: Ediciones Crecimiento Cristiano ofrece ayuda en este sentido. Contáctese, que estamos para servirle.

Una iglesia que practica el amor

Para empezar este estudio lean con detenimiento 1 Pedro 3.8 y 4.8-9.

Sin amor una iglesia no es nada. Se necesita risa y llanto compartidas, orar por otros, comer con otros, para que la iglesia crezca. Cuando hay amor los dones florecen y las personas se sienten amadas. Cuando hay amor hay perdón y la posibilidad de empezar de nuevo, hay restauración luego de una caída.

Hace falta la bienvenida cordial.

Esta tarea de recibir al que llega por primera vez a la iglesia, al grupo, a la reunión, etc. nos incluye a todos. No se requiere capacitación especial ni títulos, ni que nos den un permiso especial para saludar y ser amables con los que llegan a casa. Y es un ministerio con garantías. La gente que llega por primera vez no se olvidará de usted ni de cómo fue atendida.

Por ejemplo, recuerdo una experiencia laboral. Llegué el primer día y tuve dos recibimientos, dos recuerdos distintos. Un compañero me dijo "No te aflijas, tranquilo, ya vas a ver cómo es esto". El otro, se me acercó y me dijo: "¿Así escribís vos a máquina?" No me olvido de ninguna de las dos personas, aunque las recuerdo de distinto modo, obviamente.

Recibir bien a las visitas es primordial, crucial. Si están cómodos, los recién llegados podrán escuchar el mensaje; si están incómodos estarán pensando en cómo fugarse, en como salir disparando de la iglesia sin que se note mucho. Este ministerio de atender al que llega es para todos y no sabemos dónde nos llevará. El establecer un contacto con alguien nuevo es toda una aventura que Dios nos prepara en la vida. Se nos regala la oportunidad de crear nuevas relaciones, vínculos, lazos, que podemos aprovechar o no aprovechar, pero que sin duda va a ir determinando la iglesia que tendremos. Es la iglesia que construiremos entre todos, que sepamos conseguir o no conseguir. Somos entonces responsables de la iglesia que tenemos y tendremos. Dependerá en gran parte de cuanto estén abiertos nuestros brazos, de cuánto nos gastemos por los otros, de cuánto estemos dispuestos a perdonarnos y restaurarnos unos a otros.

1/ ¿Cómo están sus brazos hoy de abiertos? ¿Hay lugar para otros o está cerrado el círculo de amigos?

2/ ¿Pueden integrar al que llega? ¿Están preparados para ello o están tan cómodos que no lo pensaron siquiera?

3/ Lean *Hebreos* 13.2 en varias versiones de la *Biblia*. ¿Cómo podemos recibir mejor a las visitas? Anote pautas para tener en cuenta, pensando en las reuniones principales de su iglesia.

Algunas propuestas para tener en cuenta

✓ Tener alguien que me reciba en la puerta, me ofrezca una silla y me despida con cortesía es todo un gesto que no se olvida.

✓ Ofrecer un cancionero.

✓ Ofrecer un ambiente cálido con plantas y adornos, un lugar limpio con perfume y pintado.

✓ Ofrecer un saludo amable. Preguntar: "¿Cómo te llamas, cómo llegaste, quisieras algo en especial de nosotros?" Origina un charla que puede ser importante lograr.

✓ Servir un café ocupa las manos, requiere un tiempo tomarlo y promueve el diálogo. ¿Será mucho gasto servir un café o un té a las visitas?

✓ Formular una propuesta: "Te esperamos otro domingo. ¡Serás bienvenido! Te damos un teléfono por si querés hablarnos. Nos podes dejar el tuyo si querés que te llamemos. ¡Gracias por venir y hasta pronto!" Ésto nos permite establecer un contacto posterior.

Todo esto relaja, distiende, predispone bien e invita a quedarse.

Así entonces, recibir bien es trabajo. Los primeros 10 minutos de quiennos visita son cruciales para quedarse o para no volver. El que llega tiene miedos, quiere ser aceptado.

"El amor atrae a la gente como un imán. Su escasez empuja a la gente hacia afuera." Esto lo dice Rick Warren en su libro "Una Iglesia con propósito" (5). Del amor que tengamos dependerá la iglesia que construyamos. El amor produce iglesias que aman y crecen. Más que el sermón, la gente se pregunta si se siente bien en el lugar donde llegó. Hay que crear un clima de aceptación que lo puedan sentir las visitas . El amar debe generar acción y comportamientos que sienta el que llega.

Recordemos en grupo nuestras primeras visitas a iglesia. Haga memoria:

4/ ¿Quién lo recibió? ¿Por qué siguió viniendo?

En esto es bueno aprender de nuestra propia historia. Para no repetirla si fue mala, para atesorarla si fue buena. Rick Warren (5) agrega algunas pautas para recibir mejor:

- ✓ Memorice los nombres de las personas. A cada uno le gusta que lo llamen por su nombre.
- ✓ Salude al llegar y al irse. No se esconda con los conocidos, estos pueden esperar un rato. Mézclese con los nuevos, que no contagian.
- ✓ Toque a las personas. Abrace, bese, dé palmadas. Todos necesitamos el contacto físico. Muchos vienen sufriendo soledad, falta de amor, violencia, etc. Los abrazos también curan.

Trabajo de investigación grupal

5/ *El recibimiento cordial es bueno, pero solo no alcanza. Procuremos ir un poco más allá. Lo desafiamos con la siguiente tarea:*

a/ Procuren charlar con las personas nuevas y pregúntenles cómo y por qué llegaron a la iglesia.

b/ Descubran con estas charlas informales qué necesidades tiene la gente. ¿Vienen buscando algo? ¿Estarán solos, enfermos, desanimados, etc.?

6/ *Luego de este sondeo, piensen en grupo , en maneras de dar respuestas a las necesidades que detectaron. Por ejemplo, si detectaron personas solas, busquen integrarlos a un grupo pequeño.*

Si es posible, compartan con sus líderes estos descubrimientos y con este apoyo, traten de hacer algo al respecto. Por ejemplo, si hay problemas de falta de trabajo pueden organizar un taller sobre microemprendimientos.

Dice Henri J. M. Nouwen (20) que el camino de la *hostilidad* a la *hospitalidad* es un camino arduo y lleno de dificultades. Pero nuestra vocación es ésta: convertir el enemigo en huésped, creando un espacio libre y sin miedos en el que pueda nacer y ser experimentada la fraternidad. Define este autor a la hospitalidad como la creación de un espacio libre donde el extranjero puede entrar para convertirse en amigo en vez de enemigo.

Una iglesia atenta a las necesidades de los otros

Leamos con detenimiento 1 Pedro 4.10. Si es posible consulte otras versiones de la Biblia.

> "La iglesia nunca puede ser un fin en sí mismo ni dedicarse a su propio bienestar. Existe para hacer el bien a los otros, para salvar al mundo, a la gente de afuera, a los necesitados, a los que no conocen a Dios. Si nos encerramos en nosotros mismos desvirtuamos el sentido por el cual fuimos llamados "(15).

El ejemplo de Jesús

1/ Leamos Mateo 4.23 y 24. Allí vemos a Jesús en acción. ¿Cuáles son los verbos que se mencionan en el pasaje?

2/ Según esas acciones, ¿qué necesidades buscaba satisfacer Jesús?

3/ En Mateo 9.35 y 36 vemos la clave de lo que movió a Jesús a actuar. Consideren ustedes ahora sus propias motivaciones y compárense con Jesús.

El ejemplo de Pablo

Pablo también nos enseña al respecto. Lean, por ejemplo: Gálatas 2.10; 6.10; Efesios 4.28; Hechos 20.35; 1 Corintios 15.58.

4/ ¿Qué enseñanzas procura transmitirnos el apóstol a nosotros hoy?

Debemos estar dispuestos a ayudar cuando hay necesidad, como lo hizo la iglesia de Antioquía en el año 46 D.C. a la de Jerusalén (ver Hechos 11.27 a 30). Debemos estar dispuestos a prestar a hombres valiosos como Bernabé y Saulo para salir de misioneros. Cuando ayudamos, crecemos; cuando nos encerramos, morimos.

Piensen en qué recursos tienen que pueden compartir con otros.

5/ ¿Qué saben hacer, en qué podrían servir a otra iglesia de la ciudad, de la zona, de la provincia o del país?

Ayudarnos entre iglesias, compartir recursos, (por ejemplo con los hermanosde la ciudad que sufrieron los efectos de la inundación y quedaron muy pobres), orar por los otros, no criticarlos. No hablar peyorativamente de los que son diferentes, como si nosotros y nuestra denominación fuéramos los dueños exclusivos de la verdad, y el resto estuviera errado. Darnos para recibir, abrirnos para crecer. Ésta es la clave.

6/ Pensemos en maneras concretas de ayudar a otras iglesias. ¿Qué dones tenemos que otros no tienen? ¿Qué podemos compartir?

Necesitamos quitarnos los prejuicios y abrirnos para darnos a otros. Tenemos que aprender a discernir las necesidades sociales, "los signos de los tiempos", y allí actuar, aunque los medios sean insuficientes. En este sentido es una tarea profética la que tenemos. Conectarnos con lo que pasa alrededor, abrirnos a las necesidades de los otros, ver con los ojos de Cristo. Interesarnos por nuestro mundo y hacer algo al respecto. Actuar según las necesidades de cada época, las cuales van cambiando indefectiblemente.

Conclusión

Como iglesia tenemos mucho para dar. Contamos en la iglesia con colaboradores voluntarios como ninguna institución social posee. ¡Y es el Señor el que nos mueve a la acción! Tenemos una gran riqueza y un gran potencial para lograr cambios sociales.

¿A qué nos llama Dios en este tiempo? ¿En qué podemos servirle?

Una iglesia con un culto dinámico

Según Hechos 11.27-28 y 13.2-3, vemos que el culto era ordenado, serio, en espíritu de oración, con libertad y espontaneidad. Estaban expectantes de lo que Dios quería hacer, abiertos a la intervención divina, flexibles a que Dios les mostrase cosas y recibían gustosos la intervención del Señor. Eran carismáticos (abiertos a los dones espirituales como visiones y profecías) y obedientes a lo que Dios les mostraba. Dependían del poder Del Espíritu por medio de los dones que Él reparte.

1/ ¿De tan serios y ordenados que somos, a veces en el culto no nos iremos al otro extremo de no dejar a Dios actuar? ¿Por qué?

El otro extremo sería ser improvisados en el culto y dejar todo librado "a la buena de Dios".

2/ ¿Cuál sería el equilibrio para usted?

Pablo, al escribir a la iglesia de Corinto, dijo que no debían dividirse, ni adelantarse al comer, ni emborracharse (1 Corintios 11.17-22).Y cuando habló del momento de partir el pan, dijo que todos debían examinarse a sí mismos (1 Corintios 17.33). Es decir hubo libertad en el culto particular de la iglesia primitiva, pero dentro de un marco de orden (1 Corintios 14.40).

3/ ¿No confiamos demasiado en nuestras capacidades, fuerzas, estructuras, metodologías, en el poder de la carne al organizar nuestro culto?

Algo más sobre el culto

4/ Para usted, ¿qué es el culto? Procure definirlo antes de leer lo que sigue.

Ahora comparemos lo nuestro con lo que Willian D. Maxwell ha definido así (11):

"El culto consiste en nuestras palabras y acciones. Es la expresión externa de nuestro homenaje y adoración, cuando estamos reunidos en la presencia de Dios. Estas palabras y acciones están gobernadas por dos cosas: nuestro conocimiento del Dios a quien adoramos, y los recursos humanos que somos capaces de aportar a ese culto. El culto cristiano se diferencia de todos los demás cultos en que se dirige al Dios y Padre de nuestro Señor Jesucristo. Su desarrollo es peculiar porque el Espíritu ha estado con y en la iglesia para aconsejarla y dirigirla desde el día de Pentecostés".

José Fonseca (12) lo define de la misma manera:

"El culto es adorar, alabar, servir y consagrarse a Dios"

Y David Ramós (13) lo define como:

"Ánimo (repara) y aliento (fuerza para continuar), salud (cura, restablece) y libertad (libera para seguir)". "El culto no es para ganarnos el favor de Dios, sino la respuesta agradecida al favor (gracia) de Dios en Cristo de reconciliarnos y permitirnos ser verdaderamente hermanos en su fuerza y poder".

Para Fonseca (12) lo que hacemos en el culto es expresar nuestra cultura con palabras, símbolos, actitudes o acciones que tienen significado cultural. Y como elementos que lo integra señala a las canciones o himnos, la música, la oración, el estudio de la Palabra, los sacramentos u ordenanzas, los símbolos, las ofrendas y el testimonio.

Por otra parte, Juan Carlos Sanchez (14) nos dice lo sigiente:

"Adoramos por medio de la alabanza, la oración, la ofrenda, el sermón, la confesión de fe, la cena del Señor, el bautismo, el trabajo cotidiano y el testimonio".

En el culto celebramos en comunidad nuestra experiencia con Dios. Pero es más que una formalidad externa.

5/ ¿Qué debe acompañar nuestra adoración según:
a/ Isaías 1.15-18?

b/ Amós 5.21?

c/ Oseas 6.6?

6/ Reflexionen acerca de la siguiente frase: "Si la vida cristiana no va más allá de la iglesia, el culto será sólo una liberación de emociones pasajeras." ¿Está de acuerdo o no? ¿Por qué?

10 Conclusión

Dios quiere utilizarnos hoy también a nosotros como iglesia y como personas en beneficio de su Reino. Quiere que no trabajemos en vano, inútilmente (Gálatas 4.11; 2.2) sino aprovechando bien las fuerzas y los recursos que nos ha dado.

Pero necesita que nosotros nos hagamos como arcilla en sus manos. Maleables, tiernos, flexibles, disponibles.

El desafío es pensar en esto.

1/ *¿Qué parte me toca hacer a mí para hacer de la iglesia una comunidad mejor? ¿Cuál sera mi aporte para que Dios obre?*

2/ ¿En qué puedo colaborar en este accionar de Dios en mi pueblo, en mi medio, en mi época, en este tiempo?.

3/ A partir de lo estudiado, ¿con qué iglesia sueña ahora? Escriba sus sueños.

4/ Haga dos listas. Una, rescatando lo bueno de su iglesia, por lo cual está agradecido. Otra, donde figuran los aspectos que deberán reavivarse y cambiar.

Lo positivo   Lo negativo

Terminen orando.

Hemos estudiado distintos aspectos de la iglesia de Antioquía que funcionó bien. Dios nos ayude para que nuestra iglesia pueda funcionar mejor.

Que podamos estar agradecidos por la iglesia que tenemos y a la vez abiertos para seguir cambiando, según lo que el Espíritu de Dios nos vaya mostrando.

Bibliografía utilizada

1 - Green, Michael "La Iglesia local", Nueva Creación, 1996, pág. 102 y ss. (inicialmente el estudio fue basado en un capítulo de este libro).

2 - Comentario Biblico Mathew Henry.

3.- Comentario Bíblico de Willian Barclay.

4 - Diccionario Bíblico.

5 - Warren, Rick. "Una iglesia con propósito". Edit. Vida, 1998, página 218, etc.

6 - Stott, John. "El Cristiano contemporáneo", pág. 301.

7 - idem anterior, pág. 371.

8 - Escobar, Samuel. Revista "Apuntes Pastorales", vol .XX número 83, pág. 16.

9 - Schipiani, Daniel. "El Reino de Dios y el ministerio educativo de la iglesia".

10 - Novo de Guerrero, Araceli. Revista "Iglesia y Misión" número 67/68, "Educar desde la utopía para vivir en el Reino de Dios", pág. 62, año 2000.

11 - Maxwell, William D. "El culto cristiano", Methopress, Bs. As. 1963, p. 15 citado en "La iglesia local como agente de transformación". C. Padilla y T. Yamanoni, eds., 2003, pág. 221.

12 - Idem anterior, pag. 222.

13 - Ramos, David . Revista "Iglesia y Misión" número 65, "El culto cristiano, una afirmación de la vida abundante en Cristo", pág. 39.

14 - Sánchez, Juan Carlos. Revista "Apuntes Pastorales", "Adoración y transformación", vol. XX número 1 pág. 16, año 2002.

15 - Padilla, Catalina de. "Bases bíblicas de la misión". C. Padilla Editor. Nueva Creación, pág. 412 (cita casi textual).

16 - Tasín, Jorge. De una charla que dió en la Iglesia Cristiana Evangélica del Barrio Centenario, Córdoba 14/8/94.

17 - Snyder, Howard, "La comunidad del rey", Editorial Caribe, 1983, capítulo 3.

18 - Mott, Stephen, "Ética Bíblica y cambio social", Editorial Nueva acción, 1995, capítulo 7.

19 - Driver, Juan, "Renovación de la iglesia, comunidad y compromiso", Editorial Certeza, 1995.

20 - Nouwen, Henri J. M., "Abriéndonos", Editorial Guadalupe, 1975, páginas 61 y 66.

21 - J. Harrower y Silvia Cháves, "Dones: un cuerpo en misión", Editorial Certeza-ABUA, Argentina.

Cómo utilizar este cuaderno

Estos cuadernos son *guías de estudio*, es decir, su propósito es guiarle a usted para que haga su propio estudio del tema o libro de la Biblia que desarrolla este material. El cuaderno propone un diálogo. En él introducimos el tema, sugerimos cómo proceder con la investigación, comentamos, pero también preguntamos. Los espacios después de las preguntas son para que usted anote su respuesta a ellas. Esperamos que, por medio del diálogo, le ayudemos a forjar su propia comprensión del tema. No de segunda mano, como cuando se escucha un sermón, sino como fruto de su propia lectura y investigación.

¿Cómo hacer el estudio?

1 - Antes de comenzar, ore. Pida ayuda a Dios que le hable y le dé comprensión durante su estudio.

2 - Se deben leer los pasajes bíblicos más de una vez y preguntarse: ¿Qué dice el autor? Aunque muchos utilizan la versión Reina-Valera de la Biblia, conviene tener otra versión o versiones disponibles para comparar los pasajes entre las dos. La "Versión popular" y la "Nueva versión internacional" le pueden ayudar a ver el pasaje con más claridad.

3 - Siga con la lectura de la lección. Responda lo mejor que pueda a las preguntas.

4 - Evite la tendencia de "apurarse para terminar". Es mejor avanzar lentamente, pensando, preguntando, aclarando.

En grupo

El estudio personal es de mucho valor pero se multiplican los beneficios si lo acompaña con el estudio en grupo. Un grupo de hasta 8 personas es lo ideal. Pero, puede ser que por diferentes motivos el grupo esté formado por usted y una persona más, aun así, es mejor que estudiar solo.

En realidad, estos cuadernos han sido diseñados con ese motivo: estimular el estudio en células, en grupos pequeños. La manera de hacerlo es fácil:

1 - **Usted hace en forma personal una de las lecciones del cuaderno**. Aun cuando pueda haber cosas que no entienda bien, haga el mayor esfuerzo posible para completar lalección.

2 - **Luego se reune con su grupo**. En el grupo comparten entre todos las respuestas de cada pregunta. Puede ser que no tengan las mismas respuestas, pero comparando entre todos las van aclarando y corrigiendo.

Es durante este compartir semanal de una hora y media, este diálogo entre todos, donde se encuentra la verdadera riqueza y que nos provée esta forma de estudio.

3 - **Evite salirse del tema**. El tiempo es oro, y lo más importante es enfocar todo el esfuerzo del grupo en el tema de la lección. Luego, pueden dedicar tiempo para conocerse más y tener un rato social.

4 - **Participe**. Todos deben participar. La riqueza del trabajo en grupo es justamente eso.

5 - **Escuche**. Hay una tendencia de apurar nuestras propias opiniones sin permitir que el otro termine. Vamos a aprender de cada uno, aun de los que, según nuestra opinión, están equivocados.

6 - **No domine la discusión**. Puede ser que usted tenga todas las respuestas correctas, sin embargo es importante dar lugar a todos, y estimular a los tímidos a participar. No se trata de sobresalir, sino de compartir aprendiendo juntos.

Si en el grupo no hay una persona con experienca en coordinarlo, se puede encoNtrar ayuda para dirigir un grupo en:

1 - Nuestra página web, www.edicionescc.com. La sección

"Capacitación" ofrece una explicación breve del método de estudio.

2 - En las últimas páginas de nuestro catálogo se ofrece también una orientación.

3 - El cuaderno titulado "Células y otros grupos pequeños" es un curso de capacitación para los que desean aprender cómo coordinar un grupo.

4 - Hay algunas guías que disponen de un cuaderno de sugerencias para el coordinador del grupo.

Finalmente diremos que las guias no contienen respuestas a las preguntas ya que el cuaderno es exactamente eso, una guia, una ayuda para estimular su propio pensamiento, no un comentario ni un sermón. Le marcamos el camino, pero usted lo tiene que seguir.

Que el Señor lo acompañe en esta tarea y si necesita ayuda, comuníquese con nosotros. Estamos para servirle.